CONFIANCE!
il y aura du pain pour tous.

AU PEUPLE.

PRIX : 25 CENT.

1 fr. 50 c. la douzaine. — 10 fr. le cent.

QUATRIÈME ÉDITION.

PARIS,

VIVÈS,
RUE CASSETTE, 23.

DOYEN ET GIRET,
QUAI DES AUGUSTINS, 7.

1854

CONFIANCE !

il y aura du pain pour tous.

CHAPITRE PREMIER.

IL Y A DU BLÉ, OU IL Y EN AURA.

La grande question du jour, mes chers amis, est la cherté des vivres : tout le monde en parle, chacun en raisonne et même en déraisonne. Du reste, la chose est sérieuse : il s'agit de son pain, de celui de sa femme et de ses enfants ; et puis, c'est le commencement de l'hiver, et la France souffre... Nous allons donc aussi causer ensemble de la cherté.

J'aime beaucoup à parler avec vous : vous êtes justes et vous avez du bon sens, et c'est chose rare aujourd'hui ; et ce qui n'est pas moins rare, vous avez le courage de la vérité, le courage de vous condamner vous-mêmes et de dire en présence du bien : *C'est vrai, j'ai tort ; pourtant vous avez raison.*

L'année est pénible et c'est dans la peine

que l'on reconnaît ses vrais amis. Je viens donc vous dire quelques paroles d'encouragement et de consolation. Nous parlerons familièrement, cordialement, amicalement, si toutefois vous voulez bien me permettre d'être votre ami : ce que je désire beaucoup, car je vous connais bien, je sais le fond de votre cœur. Je sais combien vous avez de peine à gagner votre vie et même quelquefois à ne pas la gagner. Allez! ce n'est pas moi qui ne vous plaindrai pas, ce n'est pas moi qui ne vous tendrai pas la main, cher peuple français : puissé-je, au prix de mon sang, vous rendre meilleur et plus heureux ; mon temps, mes forces, mon cœur, ma vie, ma bourse, quand il y a quelque chose dedans, tout cela est à vous. Écoutez-moi donc, je ne veux pas vous tromper.

D'abord je me hâte de vous le dire, rassurez-vous : il y a du blé ou il s'en trouvera ; grâce à Dieu, nous ne sommes nullement menacés d'une disette. Personne en France ne veut nous affamer ; ceux qui vous disent le contraire vous trompent et vous affligent sans raison.

Je conçois vos inquiétudes : quand on

est honnête, quand on a une femme et des enfants à nourrir, cela donne du cœur et des bras pour travailler; mais quand on ne sait si à force de travail on pourra leur donner du pain, alors cela fait réfléchir et donne des soucis.

Eh bien, espérez, restez calmes, votre peine ne sera pas perdue.

Vous le savez, vous l'avez vu ou vous l'avez entendu dire : en beaucoup d'endroits la récolte n'a pas été abondante, il y a eu des pluies, des orages et le blé a été versé. Mais s'il n'y a pas assez de blé en France, il y en a chez les étrangers et ils ne nous en refuseront pas pour de l'argent, bien au contraire; il y en a abondance en Suède, en Russie, en Afrique, en Amérique, en Espagne, etc., etc. Dans le Nord il y en a tant que l'hectolitre ne vaut que douze ou quatorze francs.

Le commerce s'est mis à l'œuvre et chaque jour il nous en arrive en abondance, nous en avons déjà reçu environ 4 millions cinq cent mille hectolitres, il en est arrivé un million d'hectolitres pendant les quinze premiers jours de novembre. Les arrivages continuent de tous côtés, dans tous les ports de mer de commerce, au Havre, à Marseille, à Bordeaux, à Cette, à Nantes et bien ailleurs, etc. Au Havre il en est arrivé jusqu'à 200,000 hectolitres par jour : le port en est encombré. A Marseille c'est bien autre chose : rien n'égale, dit le journal de cette ville, l'activité qui règne dans notre port. Nos quais offrent l'image d'un immense grenier d'abondance. Une armée d'ouvriers ou plutôt une fourmilière humaine puise dans le flanc des navires le blé qui est reçu par des milliers de voitures. En une seule journée, il est arrivé trente-six navires chargés de blé, sans parler de 11 mille hectolitres de seigle et de 7 mille hectolitres de grains divers que portaient d'autres bateaux. Il est donc clair qu'il se trouvera assez de blé. C'est une affaire de simple calcul, et Dieu merci, en France, tout le monde sait compter aujourd'hui, ne fût-ce que sur les doigts. Il nous faut, d'après les renseignements les plus exacts, 10 millions d'hectolitres de blé étranger ; nous en avons déjà reçu 4 millions cinq cent mille ; restent encore 5 millions cinq cent mille à faire venir. Dans le dernier mois il en est arrivé 2 millions d'hectolitres. Si cet état de choses continue, comme tout le fait croire, puisqu'on annonce de tous côtés de nouveaux arrivages, avant le mois de mars notre provision sera faite pour toute l'année. De plus, le blé est plus pesant cette année, il donne plus de farine; puis il y a du sarrasin ou blé noir, des haricots, des pommes de terre; il s'en faut qu'elles soient toutes malades et c'est là une ressource pour le pauvre-peuple. J'ai donc eu raison de dire : le blé ne manquera pas. Notre position s'est beaucoup améliorée avec la vapeur, nos chemins de fer et nos canaux. Les transports se font rapidement.

Laissons donc faire le commerce; il nous apportera du blé chez nous. Laissons-lui la liberté d'agir, il nous en jettera à tas : en veux-tu? en voilà. Nous ne sommes pas gens à tout dévorer, que diable! il faudra bien finir un jour par dire : Je n'en veux plus, c'est assez.

CHAPITRE II.

LA CHERTÉ; SES CAUSES.

Voilà du blé, mes amis, c'est déjà un grand pas de fait; mais dans la question des subsistances, il faut deux choses : 1° qu'il y ait du blé; 2° qu'il ne soit pas trop cher. Sur cet article il reste à désirer : le blé est encore trop cher pour que tout le monde vive, pour que l'ouvrier vive et pour que le fermier vive aussi; il faudrait une grande diminution...

Quelle est donc la cause de la cherté, mon Dieu! La principale cause, c'est la peur.... ; c'est cette vilaine maladie qui prend la France de temps en temps, qui chasse le bon sens et la raison et bouleverse les têtes. Chose étrange! en présence d'un danger réel, imminent, le Français reste calme et intrépide; et en présence d'une crainte vague, il se trouble et il est faible; comme un enfant, il crie même avant d'avoir été frappé... Voilà la principale cause.

Au lieu de s'occuper de son travail et

d'aller tranquillement à ses affaires, on se monte la tête, l'imagination s'échauffe, on s'écrie : « Le blé est cher, qu'allons-nous devenir? — l'année sera malheureuse ; — c'est la faute de celui-ci, c'est la faute de celui-là. » C'est la faute de tout le monde, excepté la nôtre, bien entendu. — Il y a des accapareurs; — on veut affamer le peuple ; c'est affreux ; — je ferai ceci, je ferai cela... Et celui qui a du blé, entendant ces propos, dit : Gardons, ne portons pas à la halle... il n'y a pas de risque à courir. Il paraît que le blé sera toujours aussi cher, tout le monde le dit... après l'hiver, nous verrons... Et les marchés ne sont pas largement pourvus...

Au contraire, restez calmes, tranquilles, laissez les arrivages se faire, laissez le commerce inonder nos marchés. Un peu de patience... et puis il se fera une diminution, elle est déjà commencée, et alors le marchand qui sait faire son métier de marchand, et le paysan, qui n'est pas un sot quand il s'agit de ses intérêts, diront : « Voilà le blé qui diminue, il va diminuer encore : à la halle, vite à la halle! » Les marchés regorgeront, il se fera une belle dégringolade, et le pain reviendra à un prix raisonnable. C'est le cas de répéter le vieux proverbe : *Dans la cherté le blé foisonne*... D'autant plus que les semailles se sont faites dans de bonnes conditions; les jeunes blés sont beaux, et les cultivateurs ne sont plus occupés des travaux des champs.

Donc, je vous en supplie, au nom de Dieu, au nom de vos intérêts au nom de votre femme et de vos enfants, au nom des pauvres, restez calmes, tranquilles, parfaitement tranquilles ; travaillez comme de braves gens que vous êtes, sous la protection du Gouvernement et de la charité de la France, qui veille pour vous. Oui, que l'opinion, qui est tout en France, reste confiante et ferme, qu'elle se dresse dans sa force et dise : « Je veux que le blé diminue, » et le blé diminuera...

CHAPITRE III.

CRÉDULITÉ.

Loin de conserver ce calme et cette confiance, nous avons toujours les oreilles au vent pour recueillir les bruits faux, les craintes exagérées, toutes les sottises ridicules ou atroces qui peuvent passer par une cervelle d'homme; et, ce qu'il y a de plus triste, on les croit, on les embellit et on les propage.

Ah! la crédulité, mes pauvres amis, voilà notre grand malheur! Ah! la crédulité, qui en délivrera la France! Là est la source de presque tous ses maux. Ici je serais tenté de m'écrier : « A moi, Français, voilà l'ennemi! »

Vous ne vous fâcherez pas contre moi, car je ne veux nullement me brouiller avec vous. Vous ne m'en voudrez pas, n'est-ce pas, si je vous dis que la crédulité pourrait bien être une de vos grandes faiblesses; que vous êtes parfois d'une désespérante crédulité? On vous fait croire tout, mais tout, pour le mal s'entend, car pour le bien, vous n'allez pas trop vite oui, tout, jusqu'à l'incroyable, jusqu'à l'impossible. Je ne reconnais plus là, ni votre bon sens exquis, ni la droiture de votre cœur.

Il faut que je dise toute ma pensée; vous me le permettrez bien, vous aimez la vérité. Nul plus que moi n'est prêt à rendre justice au peuple français, à proclamer le bien qui est en lui; on m'accuse de trop l'aimer, de le gâter. Oui, je l'aime ce peuple; si c'est une faute, je ne veux pas m'en repentir, je ne m'en corrigerai jamais. Je l'aimerai toujours, alors même qu'il serait ingrat. Le peuple, c'est ma joie, ma vie et ma couronne. Et pourquoi ne l'aimerais-je pas? Quand il écoute la bonne partie de lui-même, il est si beau! il est admirable... Voyez-le en face d'un accident ou d'une calamité, en présence d'un incendie ou d'une inondation, il s'oublie, il court, il s'expose, il sauve, il se dévoue, et quelquefois il meurt, — et pour réparer un dommage... La maison d'un pauvre a été incendiée, vite on vient à son aide, chacun apporte son offrande, qui du bois, qui des provisions, qui des journées, qui de l'argent. — Il y a quinze jours à peine, lors de l'incendie de la rue Beaubourg, à Paris, on a établi des troncs pour recevoir les offrandes; l'un d'eux s'est brisé sous le poids des gros sous : il y en avait pour 900 fr.

Un ouvrier tombe malade : son petit champ, son seul héritage, va rester inculte. Une bonne pensée tombe dans un cœur, de là elle passe dans trois, dix, vingt cœurs, et puis un beau jour on se mit à l'œuvre : le champ est cultivé, tourné et retourné en tous sens, et le pauvre homme est consolé et à moitié guéri. S'il meurt, qui sait s'il ne se trouvera pas un brave ouvrier pour adopter un de ses enfants, alors qu'il en est lui-même très-bien pourvu? Voilà mon bon et cher peuple français ; je le reconnais bien là, voilà comme je l'aime. O peuple, que Dieu te bénisse.

Mais, hélas! faut-il qu'à côté de tant de bons et si nobles élans, il y ait une désolante facilité à tout croire, en fait de mal, une misérable crédulité. Ce peuple se livre à la merci du premier venu, pour peu qu'il sache parler et mentir. Oh ! si vous saviez de quelle douleur mon âme est éprise quand je vous vois ainsi trompés, égarés. Cette crédulité vous fait tant de mal, elle réveille en vous tous les mauvais instincts de la pauvre humanité ; elle vous fait mépriser, haïr, maudire.

Du reste, pour être juste, je dois dire que cette crédulité est partout en France, en haut, en bas, au milieu, chez les riches et chez les pauvres, chez les savants et les ignorants : il n'est si lourd mensonge et si grosse sottise dont on ne nous fasse avaler au moins la moitié quand nos passions croient voir là quelque chose à gagner, ou quand nous croyons nos intérêts lésés.

Quelqu'un écrivait, il n'y a pas longtemps : « Paris est une loge de portier, un lavoir public. La reine des cités est devenue la reine des cancans. » Ceci est vrai pour toute la France. Il paraît que nous avons tous des dispositions à tirer le cordon ou à laver les chausses et les bonnets de l'humanité, c'est-à-dire à cultiver le cancan et la sottise. Nous sommes tombés dans la plus niaise et la plus plate crédulité. C'est à faire pitié ! J'en ai honte pour mon siècle et pour mon pays. Le peuple français semble avoir perdu quelque chose de cette droiture et de ce bon sens qu'il tenait de l'Evangile de Dieu et de sa nature.

Cette crédulité est vraiment comique, quand elle n'est pas dangereuse. Pour se moquer de quelqu'un et lui faire jouer le rôle d'un niais, il n'est pas du tout nécessaire d'avoir de l'esprit ; c'est inutile : ce serait du luxe. L'incroyable, l'impossible, l'archifaux, l'atroce, le bête, tout est accepté ; si la chose cumule, elle n'en passe que mieux.

Il faut que je vous cite un trait de cette crédulité.

Il y a cinq ans on parlait beaucoup du partage des biens, et un paysan qui ne demandait pas mieux, se trouvait à Bordeaux. Quelqu'un le rencontre et lui dit : « Que faites-vous ici ? Comment vous ne savez pas ce qui se passe dans votre commune ? On partage les terres et l'on donne à chacun ce qui est à sa convenance. » Voilà le paysan qui part, qui court et qui arrive en nage chez le maire et lui dit : « Monsieur le Maire, il paraît qu'on partage les terres ; je demande un joli pré qui se trouve au bout de mon jardin. » Le maire vit sur-le-champ à qui il avait affaire. Il fit semblant de feuilleter un registre, et puis il ajouta : « J'en suis bien fâché, mon ami, le pré est demandé et, de plus, le même a obtenu votre jardin et votre maison. — Comment ! le scélérat ! s'emparer de ma maison, de la maison qui fut celle de mon père, nous verrons ! » La dessus, le paysan reprend sa course, s'en va chez lui, s'arme de son fusil et nuit et jour garde sa maison, attendant toujours le partageux, et naturellement le partageux ne vint pas, de sorte que le pauvre homme en fut pour ses frais de poudre et pour ses heures de faction.

Voilà un échantillon de la crédulité, et tout ce qu'on vous dit est à peu près de la même valeur.

Nécessairement, la question de la cherté devait être une excellente matière à crédulité, une mine inépuisable à exploiter par les niais et les méchants, on ne pouvait y manquer, c'eût été vraiment dommage que nous eussions été privés de ce magnifique échantillon de la bêtise humaine; sur ce point, nous sommes doués de la plus robuste crédulité. Il n'est sorte d'histoire qui ne soit accueillie, et si elle a le bonheur d'être d'une sottise ou d'une atrocité bien conditionnée, elle est sûre du plus brillant succès.

Le blé est cher. Nécessairement c'est la faute de quelqu'un. Ce quelqu'un est tout trouvé : c'est la faute des riches, c'est la faute du gouvernement, c'est la faute des prêtres, que sais-je, moi? Les riches et les prêtres! D'abord ces gens-là ont fait tout le mal possible. Les fléaux, les accidents inévitables doivent être en conscience mis sur leur compte. Le blé est cher, le commerce ne va pas, votre femme est malade, votre habit est percé : ce sont eux, c'est sûr. Il y avait même de leur fait dans le choléra. Les femmes riches le portaient dans de petits flacons dorés et les prêtres entre les feuillets de leur bréviaire. Il n'est pas même bien certain qu'il n'y ait quelque damnable connivence contre eux et les chenilles, les charançons, la maladie des pommes de terre, de la vigne, le diable et toute sa suite; ils n'est sorte d'infernale ruse qu'ils n'emploient pour tourmenter et affamer le pauvre peuple.

Dernièrement tout un pays était en émoi : on s'abordait en se demandant avec indignation : Savez-vous ce qui se passe?

Et quoi donc?

Vous connaissez Monsieur un tel qui habite le château? Eh bien! dans son parc il y a un étang, et dans cet étang il y a une baleine à laquelle on donne chaque jour quinze hectolitres de blé.

Redoublement d'indignation. — Il veut affamer le pays.

Voilà pourtant comme on nous trompe, comme on nous conte des fariboles. En vérité, je croyais que ces sortes de marchandises ne pouvaient se débiter qu'à Paris, en un certain endroit qu'on appelle le marché des *Innocents*.

Tout le reste est de cette force ou à peu près.

Prenez garde, la question des vivres est sérieuse, on ne joue pas avec la faim; ceux qui sèment ces bruits et qui les répètent font beaucoup plus de mal qu'on ne le pense, ces choses-là montent les têtes et bouleversent les imaginations. Et ensuite vient la peur; alors adieu bon sens, adieu justice, adieu pitié même... On crie, on s'emporte, on pille, et puis on réfléchit; on pousse la déraison jusqu'à sa dernière limite. — Le blé manque, le pain est cher; eh bien! pour y remédier, on gaspille, on vole, on démolit.

En 1847, à Rennes, il se répand un faux bruit: On veut affamer le peuple... il y a des accapareurs, et tout le reste. Alors on se porte du côté d'un navire chargé de blé, une lutte s'engage, un homme tombe mort; le maire, un adjoint et le procureur du roi sont blessés; le navire est pillé, et 500 sacs de blé sont volés.

Mais la nuit porte conseil : alors on commença à réfléchir, on comprit sa faute, et, pour en faire disparaître les traces, on en jeta une partie dans les rues, sur les places publiques, l'autre partie dans la rivière... — Que de mal fait, que de blé gaspillé, que de pauvres auraient pu y trouver du pain!... Comme toujours, les coupables allèrent expier leur faute en prison : c'est ainsi que finissent toutes ces tristes affaires.

Prenez donc garde, mes bons amis, sur ce point, défiez-vous de tout, jusque de vous-mêmes; défiez-vous de ceux qui sèment des bruits, des accusations, des haines; ils sont atrocement coupables, ou cruellement imprudents ; défiez-vous de l'entraînement de votre cœur, ou de l'entraînement de l'exemple, si pressant et si fatal pour vous. Croyez-moi, il y a là un danger, un piége, un abîme, de la honte, du sang peut-être; oui, du sang! Sur cet article de la crédulité à l'égard du blé, je pourrais vous citer des traits horribles. Je n'en vais dire qu'un seul, dans lequel de braves et honnêtes gens sont devenus, en moins d'un jour, des pillards, des forcenés, des assassins ? — Dieu nous garde de revoir semblable chose! au moins sachons profiter de nos malheurs.

C'était en 1847, le 14 janvier, à Buzançais, petite ville du département de l'Indre. Le blé était cher, tout le monde le sait. Or, il y avait là, comme bien ailleurs, des gens pour accuser les autres, pour semer de faux bruits et tromper le pauvre peuple ; les têtes se montèrent, et quatre voitures chargées de blé qui passaient et se rendaient à Issoudun, furent arrêtées et ramenées sur la principale place de la ville, malgré la défense du maire et les supplications du vénérable curé, depuis mort de douleur... On passe la nuit sur la place, le tocsin sonne, et la foule grossit jusqu'à plus de 1500 personnes ; les femmes n'y manquaient pas. On boit, on parle, on s'anime, on menace. Un vieillard à cheveux blancs, qui eût dû donner le bon exemple, osa prononcer ces sinistres paroles : « Courage, mes amis!

j'ai déjà vu trois révolutions : à la quatrième, je mettrai ma faux à l'envers et nous tuerons les bourgeois.... »

Le jour s'était levé sur ce rassemblement. Tout à coup, au milieu de cette masse ardente, gorgée de vin et de colère, un cri malheureux se fait entendre : « Au moulin! au moulin ! »

On court, on se rue, on enfonce les portes, on pille, on dévaste, on vole 1800 fr. Les meules sont brisées, la roue est mise en pièces et jetée à la rivière et, sous le prétexte de soulager le peuple, on commet pour 27,000 fr. de dégâts.

Trois autres maisons sont traitées de la même façon, pillées, saccagées.

Mais une autre scène se passe ailleurs, scène atroce, scène digne des Cannibales.

Une bande armée se présente chez un riche propriétaire du nom de Chambert, elle envahit sa maison. Sa vieille mère est malade. Il se présente pour la protéger et on veut lui faire signer par violence un engagement de vendre son blé pour moitié du prix courant, il s'y refuse.

Pour se défendre il s'arme d'un fusil,

une lutte s'engage, deux coups partent et un des assaillants tombe en criant : « Je suis mort. »

Alors on entend d'affreuses vociférations : « Mort! mort à Chambert, il faut l'écarteler. »

Il se réfugie à l'étage supérieur de sa maison, et se cache dans une grande armoire. On le poursuit et les portes de l'armoire volent en éclats sous les coups de hache. Il paraît : de toutes parts, on le frappe, on l'accable.

La figure ensanglantée, les mains levées au ciel, il fend la foule en criant : Grâce, grâce !

Mais elle se précipite sur ses pas, le serre de près, et l'un de ces misérables lui lance sa hache.

Il entre dans une maison et va se cacher dans une alcôve entre deux lits.

On l'a bientôt découvert, et il crie : Grâce, mes amis, grâce!... Et on lui répond : Non ! pas de grâce ! tu n'as plus d'amis. Puis on le saisit, on l'entraîne dans la rue, et on le livre aux assassins. Il est jeté sur le pavé : l'un lui donne des coups de masse ; l'autre des coups de hache ; un troisième, horreur! horreur! lui enfonce une fourche de fer dans la tête. Pour la retirer, il appuie son pied sur le visage du malheureux et la lui plonge dans le ventre; et des femmes, des femmes! viennent donner des coups de pied sur la figure de cet homme qui demande grâce!

Il avait six blessures mortelles.

Et cela s'est fait en plein jour, à onze heures du matin, dans une ville de France... au XIXe siècle!

Et la rage n'est pas encore assouvie, on en veut même à son cadavre. « Chambert est à l'hôpital, dit quelqu'un, j'en veux un morceau. »

On demande à l'un d'eux : « D'où venez-vous?— J'ai fait comme les autres tout le mal que j'ai pu, je suis content. »

Un troisième s'écrie avec une joie satanique : « J'ai bien gagné ma hache. »

Voilà où mènent les excitations, les bruits mensongers. Ici encore la force resta à la loi; c'est la règle. La justice eut son cours, tous ces hommes, toutes ces femmes aussi, vont s'asseoir sur le banc des accusés à la Cour d'assises.

Chaque témoin rend bon témoignage

de la conduite de presque tous jusqu'à ce jour maudit.

Et le pauvre curé de la ville vient déclarer à la justice devant Dieu que ses infortunés paroissiens n'étaient pas sans doute de très-bons chrétiens, mais que presque tous étaient ce qu'on appelle de véritables honnêtes gens : ils avaient été les victimes de deux ou trois mauvais sujets.

Eux-mêmes ils ne se comprennent plus. Ils ont été aveuglés, entraînés. Le président leur dit : « Comment avez-vous pu piller, dévaster, commettre gratuitement tant de crimes ? » et on lui répond : « Monsieur le président, tout le monde pillait. — Mais comment avez-vous pu frapper un homme à terre, sans défense, implorant votre pitié ? » Et on lui répond : « Les autres le frappaient. »

Trois de ces infortunés sont condamnés à mort et vingt-trois sont condamnés au bagne, un seul à la prison.

Vingt-sept familles malheureuses, flétries, déshonorées à jamais, condamnées à baisser les yeux de honte !

Quand on leur demandera : « Où est ton père, ton frère, ton fils ? elles seront réduites à se taire et à rougir, ou bien à répondre : « Mon père, mon frère, mon fils, il est au bagne ; c'est un forçat, un galérien : ou il est mort sur l'échafaud, je suis fils d'un guillotiné. »

Ah ! oui, oui, Dieu nous garde de jamais rien revoir de semblable ! Dieu nous garde des faux bruits ; Dieu nous garde de la crédulité !

Une personne s'est montrée dans cette circonstance digne, grande, admirable : c'était la domestique de la mère de l'infortuné Chambert.

Sa maîtresse, âgée et malade, avait été arrachée de son lit et traînée dans la cour. On l'étend sur le pavé et l'on crie autour d'elle : « Il faut la tuer ! » Alors cette brave, cette héroïque fille du peuple se jette sur elle, la couvre de son corps, et s'écrie : « On ne la tuera qu'après moi ! » et sa maîtresse fut sauvée.

Voilà votre poste à vous, mes amis ; voilà comme de braves gens doivent agir et parler. A l'occasion, j'en suis sûr, vous en ferez bien autant. Quand vous voyez les têtes enflammées, quand vous voyez la violence et la colère bouillonner, jetez-vous, au milieu du tumulte, apaisez tous ces hommes; dites-leur : « Arrêtez, arrêtez, mes amis! pas de violences, pas de sottises; vous vous en repentiriez. Pourquoi se maltraiter ainsi, mille bombes! est-ce que nous ne sommes pas tous frères? Vous avez été lésés, eh bien! nous avons encore, grâce à Dieu, d'honnêtes gens en France, la graine n'en est pas perdue; nous avons aussi des tribunaux : c'est à eux qu'il faut s'adresser. »

Non, ne vous laissez pas entraîner, ne laissez jamais passer la violence. Mon Dieu! serons-nous toujours pires que les loups? ils ne se dévorent pas, eux! Dites aussi : « Vous me tuerez plutôt que de vous laisser faire le mal. » Là est le vrai courage; là est la bonne fraternité; là est le salut de la patrie; là serait aussi une mort digne d'un chrétien et digne d'un Français.

CHAPITRE IV.

LES RICHES.

Quant à toutes ces accusations : ce sont les riches, les prêtres, le gouvernement, etc., je suis sûr que votre bon sens exquis en saura faire rigoureuse justice et les apprécier comme elles méritent de l'être. Néanmoins, je vais aborder franchement ces questions ; vous aimez la franchise, vous; je l'aime aussi, moi, et nous allons nous expliquer loyalement, comme il convient à des hommes sincères, qui cherchent avant tout la justice et la vérité.

Il ne faut pas se le dissimuler, il y a dans la pauvre nature humaine, et dans la pauvre nature française en particulier, je ne sais quelle tendance à porter envie à ceux qui sont au-dessus de nous. Nous ne sommes pas du tout fâchés de les trouver en défaut, et nous ne leur ménageons guère la critique. Un mot malin aux riches, véritable bonne action ; un coup de pied à nos supérieurs, pain bénit. Nous avons de la propension à dire aussi : Notre ennemi, c'est notre maître. Et puis, nous autres Français, nous sommes de vrais fils d'Adam et d'Ève aussi ; nous avons un goût décidé, je dirais presque féroce, pour le fruit défendu.

Avant tout, il faut être justes, vous aimez beaucoup la justice ; rien ne vous révolte comme l'injustice et la violence. Vous vous posez hardiment en protecteurs des opprimés. C'est bien, c'est très-bien! mais la justice, il faut la vouloir pour tout le monde. Oui, justice! justice pour tous. Justice pour les petits, mais aussi justice pour les grands. Est-ce qu'ils sont de pire condition? est-ce qu'ils ne sont pas nos frères aussi? est-ce qu'ils ne sont pas Français aussi? est-ce que leurs pères n'ont pas été par leur bravoure, leurs talents, l'effusion de leur sang, une des gloires de la France?

Or, mes pauvres amis, accuser les riches aujourd'hui, c'est injustice et même ingratitude... et, certes, vous n'êtes pas des ingrats; vous ne voulez pas l'être.....

Jamais, à aucune autre époque, il n'y a eu dans les classes riches plus de fraternité, plus de vraie charité à l'égard de ceux qui travaillent et qui souffrent; allez, vous avez là des amis, et de bien bons amis.

Mon Dieu, pourquoi chercheraient-ils à faire augmenter le blé, et à affamer le pauvre peuple? Quel intérêt, quel avantage y a-t-il pour eux? En France, grâce à Dieu, on ne meurt pas de faim;

cela ne s'est jamais vu, et, je l'espère bien, cela ne se verra jamais ; et qui est-ce qui nourrira ceux qui n'ont rien, si ce n'est ceux qui sont riches? ils entendraient vraiment fort mal leurs affaires... mais ils sont bien loin de ces pensées. Je connais les riches et j'affirme que leur charité est grande, admirable.

Voyez : à cause de la cherté, chacun s'empresse, chacun invente des moyens de faire du bien : l'un donne du travail aux ouvriers, l'autre des bons de pain aux pauvres. Celui-ci organise une loterie, celui-là un fourneau économique. — Ici des femmes riches font elles-mêmes des vêtements pour les enfants des pauvres, là elles se font dames quêteuses ; enfin, c'est du blé, du pain, du charbon, du linge... Je voudrais pouvoir tout vous citer.

M. de Damas donne dans sa commune, aux ouvriers, le blé à 18 fr. l'hectolitre, jusqu'à concurrence de 250 hectolitres. C'est un cadeau de quelque chose, comme 4 mille francs.

Ailleurs, M. de Pontabba donne des bons de pain à prix réduit à tous les ouvriers de sa commune qui auraient de la peine à nourrir leur famille. C'est la même bienfaisance partout. Vous connaissez des riches qui en font autant.

On accuse les gens de commerce et d'argent de n'être pas très-charitables, de n'avoir pas la veine du cœur très-sensible; c'est quelquefois une calomnie.

Une société composée de gros commerçants du Cateau (Aisne) a fait acheter 3500 hectolitres de blé, qui seront donnés à prix coûtant aux ouvriers.

La Compagnie du gaz de Lyon vient de faire un premier don de 25 mille kilogrammes de coke au Cardinal-Archevêque pour ses œuvres de charité, de 30 mille kilogrammes à M. le Préfet, et de 30 mille au Maire de Caluire pour les pauvres de sa commune.

Et on accuse les riches, et on ose les insulter! est ce là de la justice, est-ce là de la reconnaissance? j'en appelle à votre cœur.

Vous ne connaissez pas bien les riches, vous les voyez de loin et de bas et vous les jugez mal. Sans doute, tous ne sont pas parfaits; mais où est le grand corps dont tous les membres soient parfaits? Tout le monde est-il irréprochable chez le peuple? Il y a de mauvais riches, et de mauvais ouvriers aussi, sans parler des pauvres. Les riches ne sont pas parfaits, ni nous non plus. Les riches ont leurs défauts, et nous avons les nôtres ; partant quittes : n'en parlons plus, voilà nos comptes réglés. *Et les bons comptes font les bons amis.* Aimons-nous donc un peu. Nous ne nous connaissons pas assez : c'est pour cela que nous ne nous aimons guère. Les riches ne connaissent pas assez le peuple, c'est vrai : ils ne savent pas ce qu'il y a de bon sens, de dévouement, de sympathie; ils ne savent pas toujours combien de nobles cœurs battent sous la veste et sous la blouse. Pour cela il faut vous voir de près : le peuple gagne à être connu... Mais vous ne savez pas non plus ce qu'ils valent. Partout dans les classes supérieures le peuple rencontre la plus cordiale bienveillance. On ne demande pas mieux que de s'entendre, que de donner du travail à ceux qui peuvent travailler, et des secours à ceux qui ne le peuvent pas.

Partout il se forme des associations pour améliorer la position de l'homme qui travaille et de l'homme qui souffre.

C'est d'un côté l'admirable Société de

Saint-Vincent-de-Paul. Savez-vous bien ce que c'est que la Société de Saint-Vincent-de-Paul ? C'est une réunion d'hommes souvent riches, savants, jeunes, parfois fils de nobles familles, qui s'arrachent aux plaisirs, au repos, à leurs occupations, à leurs intérêts, pour aller surveiller vos petits enfants dans des maisons de patronage, pour s'en aller porter des secours et de bonnes paroles au pauvre, au malade, s'asseoir sur sa mauvaise chaise, causer familièrement avec lui, lui serrer affectueusement la main comme on la serre à un ami ; dites, est-ce que cela n'est pas beau ? Voilà pourtant ce que nous voyons dans presque toutes nos villes de France.

Voilà ce que font les hommes. Que dire de ce que font les femmes ? c'est peut-être mieux encore. Des dames, et souvent de nobles dames du monde, se partagent vos pauvres, vos malades... Chaque rue a *sa dame*, et rien ne lui échappe, ni les impasses, ni les cours, ni les recoins ; elle visite, elle parcourt son domaine sans cesse, pour secourir, consoler, bénir ; et, pour cela, elle oublie le monde, les plaisirs, son propre repos.

Le peuple est-il plus charitable que les

riches ? je ne le sais pas. Je ne veux pas le juger : j'aime mieux dire aux uns et aux autres : C'est bien, courage, courage ! Vous vous garderez donc bien de croire à toutes ces ridicules accusations, encore plus de les répéter ; c'est une injustice, sans compter que c'est s'exposer à être même frappé par la loi. Dernièrement une femme a été condamnée par la cour impériale de Rouen à un mois de prison et 500 francs d'amende, pour avoir dit qu'un riche propriétaire accaparait le blé et conseillait à ses fermiers de n'en pas porter au marché. 500 fr. ! de quoi lui acheter du pain au moins pour quatre ans ; et puis aller en prison !

Enfin, puisqu'il faut que je vous dise tout et que je ne vous cache rien, au nom de la misère et au nom de la pitié, ne répétez jamais ces accusations, non jamais ! Vous pourriez par là arracher le travail à l'ouvrier, le pain à la main du pauvre, car qui sait si le riche ne se fatiguera pas, et ne finira pas par dire : « Voyez ce peuple, nous avons beau nous imposer des sacrifices, beau donner la charité, il est toujours le même, toujours injuste, toujours ingrat, toujours crédule ! Et alors ils cesseront de faire du bien.

L'injustice révolte votre âme, est-ce que les riches n'ont pas une âme aussi ? Est-ce qu'ils n'ont pas un cœur aussi, pour sentir l'ingratitude? — Si la charité n'est plus facile, le pauvre pâtira, le vieillard languira dans l'indigence, la triste mère n'aura rien à donner à ses pauvres petits enfants qui grelottent et qui lui demandent du pain. La misère sera dans les familles, la faim dans les poitrines, et vous en aurez été la cause, vous qui êtes bons, qui n'aimez pas à voir souffrir. Pitié donc pour les pauvres, pitié pour les mères, pitié pour les petits enfants. Laissez donner du travail à l'ouvrier, laissez donner du pain à ceux qui ont faim, laissez donner des vêtements à ceux qui ont froid, et peuple et riches seront bénis de Dieu.

CHAPITRE V.

LES PRÊTRES.

Mais voilà bien autre chose ! il paraît que ce sont les prêtres qui sont la cause de la cherté. Ceux qui le disent ne le croient pas, ne peuvent pas le croire, ni vous non plus?

Est-ce que le prêtre n'est pas l'ami-né du peuple? l'ami des malheureux surtout? Est-ce qu'il ne sait pas, mieux que qui que ce soit, ce que coûte le travail ou la souffrance? Il vit au milieu du peuple; le prêtre, c'est un enfant du peuple comme vous?

Le plus souvent il est fils de cultivateur, de journalier, d'ouvrier comme vous, né dans la chaumière ou dans la mansarde. Vous connaissez son père, sa mère, ses frères et ses sœurs; il est des vôtres.

Certes vous devriez en être fiers, car le clergé français est rempli d'hommes de dévouement, de science et de charité. C'est certainement le premier clergé de l'univers. Il n'est pas riche et il partage son pain avec les pauvres; quand il n'a plus rien, il se fait mendiant, il va quêter de maison en maison....

L'accuser, ce serait vous accuser vous-mêmes? Ce serait encore une injustice et une impiété envers la religion qui ne cesse de faire du bien au peuple.

Dites, mes amis, qui bénit votre petit enfant, quand il entre dans ce monde où il aura tant à souffrir? Qui veille sur lui dans la crèche, dans l'asile? La religion. Qui l'instruira plus tard à la classe, a l'église? qui le recueille quand il n'a plus de père ou de mère, quand il est orphelin? La religion. Et vous, quand vous êtes malades, infirmes, qui vous visite, qui vous soigne? La religion. Quand un fléau frappe la France, quand tout le monde tremble et fuit, qui reste auprès du malheureux cholérique, qui l'entoure de soins, qui le console à ses derniers moments, et qui console même ceux qui sont condamnés à lui survivre? La religion, toujours la religion. C'est pourtant vrai, c'est bien vrai....

Eh bien, malgré tout cela, malgré tous ces sacrifices, malgré tous ces dévouements, il se trouve en France, ce pays de la générosité et du cœur, des hommes auxquels on fera tout croire contre les prêtres : sottises et atrocités! ils ne reculent devant rien, ils acceptent tout. Le monde le dit, c'est bien assez.

En 1847 un curé fut accusé d'avoir accaparé et caché dans son presbytère pour 30 mille fr. de blé. Or, le presbytère était une pauvre petite maison qui pouvait à peine contenir son chétif mobilier. Ses paroissiens le savaient bien, — et d'ailleurs où eût-il pris cet argent, avec ses 800 fr. de traitement? Qu'importe? On croit tout cela, et quelques années après une très-honnête femme disait : « Je vois aujourd'hui que c'était impossible; et j'avoue que j'ai eu la faiblesse de le croire; oui, je le croyais. »

Quand il s'agit des prêtres, est-ce qu'on s'occupe de savoir si la chose est raisonnable et possible? Pas le moins du monde. Il y a des gens auxquels on fera croire qu'un prêtre a caché une mesure de blé dans le bec d'un rat, un hectolitre dans sa calotte et un sac tout entier dans chacune des poches de sa soutane, qui, du reste, sont d'une bonne dimension. Et puis les prêtres ont des ressources inconnues : ils n'ont qu'à lire dans leur grimoire, et il n'est sorte de mauvais tours qu'ils ne puissent jouer à la pauvre humanité. Ils sont même en état de vous envoyer de la grêle et des orages à volonté.

En certaine contrée de la France, que je ne veux pas nommer, il y a eu cette année des pluies et des orages : vite on mit le tout sur le compte des prêtres; même on reconnut un curé dans un gros nuage noir qu'il dirigeait vers les champs de ceux qu'il n'aimait pas ; quelqu'un lui tira un coup de fusil, il tomba ; mais, voyez la ruse diabolique ! en tombant il se métamorphosa en lièvre, et puis, prenant ses quatre jambes de lièvre à son cou, il se mit à fuir, et le pauvre chasseur de prêtres dans les nuages, eut la douleur de voir son gibier lui échapper. Encore un qui en fut pour ses frais de poudre. Je pense que voilà un bel échantillon de la bêtise humaine. Hélas ! tout ce qu'on débite chaque jour lui ressemble beaucoup trop...

Du reste, le prêtre connaît bien le peuple ; il sait parfaitement tout ce que vous dites contre lui, il ne vous en aime pas moins. C'est un père pour vous, et un père passe toujours beaucoup de choses à ses enfants. Sans doute son cœur souffre, parfois il est tout saignant ; mais allez, il ne se découragera pas, lui, il ne vous haïra pas, il ne vous maudira jamais. Car il est le disciple de celui qui a dit : *Mon Père, pardonnez-leur, ils ne savent pas ce qu'ils font.* Il vous plaint, et il vous pardonne... et quand vous l'aurez bien maltraité, quand vous aurez consumé votre fortune et votre vie dans le vice, quand vous n'aurez plus rien, quand la maladie vous aura couché sur un lit de douleur, quand le choléra vous aura fait fuir par tout monde comme on fuit la contagion, vos yeux mourants verront encore auprès de vous une sœur de Charité pour vous soigner, un prêtre pour vous bénir et vous consoler.

CHAPITRE VI.

LE GOUVERNEMENT.

Voilà encore un autre coupable, aux yeux de certains hommes s'entend, car le plus grand nombre sait rendre justice. Dites, mes amis, est-ce qu'il n'y a pas des choses sur la terre contre lesquelles nulle puissance ne peut rien? Est-ce que le gouvernement peut faire l'impossible? Si la récolte n'a pas été bonne, est-ce la faute du gouvernement? S'il y a eu des pluies et des orages, est-ce la faute du gouvernement? Si le blé a été versé, est-ce la faute du gouvernement, est-ce qu'il tient les saisons dans sa main? il y a des nécessités contre lesquelles les hommes, quels qu'ils soient, ne peuvent rien, devant lesquelles les puissances de ce monde doivent baisser la tête et s'incliner en disant : Je n'y puis rien ; — c'est plus fort que moi. Tous les chefs des peuples réunis ensemble ne peuvent pas faire un grain de blé. A Dieu seul ce pouvoir.

Mais pour remédier au mal le gouvernement a fait tout ce qu'il devait et tout ce qu'il pouvait... Sa sollicitude et sa vigilance ont été de tous les jours. Ici je ne fais pas de politique, je ne veux pas m'en occuper, je n'y entends rien : je fais de la justice et de la charité, je poursuis toujours mon but qui est de rendre le peuple français meilleur et plus heureux ; je dois même avouer que j'ai un grand faible pour mes bons frères les méchants, et que c'est toujours avec bonheur que je retourne vers mes chers mauvais sujets.

Je reviens à ce que je disais : Le gouvernement a fait ce qu'il pouvait et ce qu'il devait faire.

Dès le commencement il a fait étudier avec soin l'état de la récolte.

Quand il a été reconnu qu'elle était insuffisante, il s'est empressé d'appeler le blé étranger.

D'abord il a défendu l'exportation du blé français et de tout ce qui pouvait servir à l'alimentation de la nation.

Il a donné au commerce liberté, facilité et garantie.

Il a supprimé les droits d'entrée sur les blés étrangers.

Il a diminué les prix de transport sur les canaux et les chemins de fer afin que le blé pût arriver jusqu'au dernier village.

Il a diminué les droits d'entrée sur les bestiaux étrangers, afin que la viande soit vendue à meilleur marché.

Il a fait acheter hors de France tout le blé nécessaire à l'armée de terre et de mer, c'est-à-dire à 500 mille hommes, 500 mille bouches de moins à nourrir avec le blé de la France !

Il a surveillé activement les gens malintentionnés, ceux qui répandaient de faux bruits, voulaient accaparer ou faire monter les prix du blé et il les a sévèrement punis.

Ce n'est pas tout : pour donner du travail aux ouvriers, il a créé de grands travaux à

Paris et ailleurs. Il a concédé de nouvelles lignes de chemins de fer et voté des crédits pour que les travaux soient commencés cette année, comme cela est arrivé sur la ligne de Cherbourg. Il a engagé les villes à faire de même, et elles se sont empressées de voter des fonds pour créer des travaux. L'une a voté 50 mille, l'autre 100, d'autres 200 mille fr. La ville Paris dépense plusieurs millions afin de venir au secours des classes laborieuses et souffrantes.

Enfin, il a fait un appel à un sentiment qui est toujours vivant dans tout cœur français, il a fait un appel à la charité, à toutes les bonnes volontés, et il a été compris...

Lui-même a donné l'exemple. M. le Ministre de l'Intérieur, dont tout le monde connaît la généreuse sollicitude pour les classes souffrantes, vient de donner 4 millions au nom du gouvernement pour être distribués en secours aux œuvres de bienfaisance, et aux communes de France qui ouvriront des ateliers de travaux.

M. le Ministre de la Marine a envoyé dans la mer Noire des bateaux à vapeur pour remorquer les navires chargés de blé, et hâter les arrivages. M. le Ministre de la Guerre a autorisé les soldats à s'occuper du battage des blés.

Voilà pourtant bien quelque chose.

J'ai réclamé la justice pour tout le monde, pour le peuple, pour les riches, pour les prêtres : me sera-t-il permis de la réclamer aussi pour le gouvernement ?

Sans cette sollicitude que serions-nous devenus, que seraient devenus les ouvriers et les pauvres ?

Il faut savoir gré au gouvernement du bien qu'il a fait et du mal qu'il a empêché, et aussi tenir compte des difficultés ; est-ce qu'il peut toujours faire tout le bien que l'on voudrait faire en un seul jour ? Patience, patience !

C'est toujours difficile de gouverner un grand peuple comme la France, mais c'est encore plus difficile dans une année pénible, après les épreuves par lesquelles nous avons passé. Il n'y a pas si longtemps que nous sommes sortis de l'abîme. Regrettons sans doute le bien que nous n'avons pas, mais remercions la Providence de celui qui nous reste.

La reconnaissance est toujours un devoir.

Ce serait aussi un encouragement à faire davantage. Quand on gouverne une nation on a besoin de savoir qu'on est compris, qu'on n'a pas affaire à des ingrats, on a besoin de s'entendre dire quelquefois : Nous sommes contents de vous ; courage, c'est bien, continuez.

Il est si facile de critiquer... En France qui ne sait dire des mots méchants? C'est un talent vulgaire et banal; les plus niais sont habiles en cette matière. La malice est un peu dans notre caractère national. Si nous écoutons la mauvaise partie de nous-mêmes, il faut que nous nous moquions de quelqu'un, et l'autorité est souvent préférée.

A nos yeux, dans un conflit, elle a presque toujours tort, et nous prenons volontiers parti contre le *municipal*. Sans compter que quand nous sommes fachés contre un employé ou un agent quelconque du gouvernement, contre un commis de l'octroi ou un garde champêtre, quand ils ont fait quelque chose qui ne nous plaît pas, tout cela est mis sur le compte du gouvernement, c'est le gouvernement lui-même..... Quand les administrations particulières agissent, c'est toujours le gouvernement.

La ville de Paris a fait remplacer en différents endroits les pavés par un nouveau mode de pavage qu'on appelle macadam; or un agent de police avait surpris un ouvrier en délit, et il le menaçait : Ne me faites pas de peine, lui répondit l'ouvrier : *Je ne suis pas un ennemi du gouvernement. Les autres ont bien mal parlé de votre macadam ; moi, je n'en ai jamais dit un mot.* Nous serons bientôt arrivés à dire en voyant passer un sergent de ville ou un garde champêtre : Rangez-vous, voilà le gouvernement qui passe.

Au contraire, quand vous serez malheureux, quand vous vous croirez victime d'une injustice, quand vous rencontrerez la détresse sur votre chemin, eh bien ! répétez ce vieux cri français : *Oh! si le roi le savait.* Le nom est changé ; mais le cœur, le cœur y est. La charité de l'Empereur, tout le monde la connaît, et cependant on ne sait pas tout, on ne sait que les grandes offrandes. Mais toutes les misères cachées, qui chaque jour sont secourues, personne ne les sait ; qu'importe, Dieu les sait, lui.

Chaque semaine il part de Paris de magnifiques lots de loterie qui encouragent et excitent la charité, et font retomber de larges aumônes sur tous les pauvres de la France... Qu'il arrive un malheur, un accident, une détresse; vite des milliers de francs sont envoyés. Dernièrement l'Empereur envoyait 3,000 francs aux incendiés de la rue Beaubourg, l'Impératrice 2,000 francs, et 1,000 francs avaient été expédiés la veille... Il a donné pour secourir les pauvres pendant cette année, 15,000 francs au maire de Fontainebleau, 5,000 francs pour le même but au maire et au curé d'Avon, etc., etc.

Et que dire de la charité de l'Impératrice? La charité! c'est son bonheur, son occupation, sa vie. Il semble que Dieu ne l'a placée si haut que pour verser de la charité et des consolations dans les âmes qui souffrent.

Aujourd'hui savez-vous quelle est la première question qu'elle adresse à ceux qui s'occupent du peuple... et avec sa voix la plus affectueuse : *Oh! dites moi donc si les ouvriers et les pauvres ne souffrent pas trop de la cherté; mon Dieu! que pourrait-on faire encore?*... Puis elle gémit de ne pouvoir faire davantage; car, hélas! sa bourse à elle aussi est souvent épuisée, et plus d'une fois elle a été réduite à emprunter pour faire la charité.

Il y a environ trois mois, on lui exposait le naufrage du *Caïman*, navire de Saint-Valéry-en-Caux ; il avait péri corps et biens, il y eut seize victimes; et il restait dix veuves et vingt-six orphelins. A ce récit, des larmes roulaient autour de ses yeux et elle ajouta : Je devrais bien faire quelque chose, mais je n'ai plus d'argent... Elle emprunta 3,000 fr. et le soir même la poste portait ces 3,000 fr. aux veuves et aux orphelins...

La classe ouvrière lui est surtout chère... Elle s'en occupe sans cesse... On sait qu'elle va fonder avec le prix de la parure qui lui fut offerte par la ville de Paris, une maison où seront élevés trois cents jeunes enfants d'ouvriers; mais les six cent mille francs seront à peine suffisants pour acheter la maison, le reste sera à sa charge; sous son patronage va se fonder un hôpital d'enfants dans le faubourg Saint-Antoine, et dans le faubourg Saint-Marceau une maison de petites Sœurs des Pauvres pour y recevoir les vieillards, ces invalides du travail....

Quand la France souffre et quand quelqu'un lui fait du bien, à quelque parti que l'on appartienne, quelle que soit l'opinion que l'on professe, on ne peut s'empêcher, la reconnaissance et la politesse française même en font un devoir, on ne peut s'empêcher de s'écrier : C'est bien ! merci, merci !

CHAPITRE VII.

VOUS-MÊMES, POURQUOI SE PORTER TANT DANS LES VILLES ?

Allons plus loin. Vous dites : L'année est pénible, c'est la faute des autres ; mais ne serait-ce point aussi un peu la vôtre ? Croyez-moi, ne criez pas si haut, ne réveillez pas le lion endormi, il pourrait bien y avoir des battus de votre côté. Soyez francs et sincères. Dites si, quand le travail donnait, quand les vivres étaient à bon marché, si vous aviez économisé, si vous aviez fait des stations un peu moins longues en certains endroits que vous savez bien, si votre main avait un peu moins touché le petit verre et même le grand ; n'est-il pas vrai que vous auriez aujourd'hui, non une poire pour la soif, mais du pain pour la faim?

Vous manquez de prévoyance; l'année est bonne, on va toujours en avant, on ne songe pas aux mauvaises années. Il faudrait pourtant bien les compter, car elles ne passent pas inaperçues.

Quand vous avez un peu d'argent, il vous semble que c'est un trésor inépuisable. Mais bientôt vous êtes au bout: rien ne s'épuise vite comme une bourse; et après cela on se plaint, on accuse, on dit: Est-il possible que je sois dans une si grande détresse! On répète la longue kyrielle à l'usage des mécontents; on accuse tout, le sort, la fatalité, la Providence, la société et on dit: Pour remédier à la misère, il faudrait faire ceci, faire cela; il faudrait changer les institutions. Avant tout il faudrait être laborieux, rangés, sobres, moraux: voilà la meilleure manière d'empêcher le retour du mal et même d'y remédier.

Mais attendez, je n'ai pas fini, il me reste encore quelque chose à vous dire....

Si un bon nombre d'entre vous étaient restés à la campagne où ils sont nés, s'ils avaient cultivé la terre, elle n'est pas ingrate, elle donne toujours en proportion des travaux, n'y aurait-il pas plus de blé? Mais non, on dédaigne le travail de l'agriculture et la simplicité des champs. On ne veut pas être ouvrier de la campagne ; on renie l'état de son père, ce n'est pas assez distingué pour nous, il faut qu'on aille dans les villes. C'est là qu'on est bien, qu'on est quelque chose, qu'on s'amuse, c'est là qu'est le bonheur : cultive la terre qui voudra. On se croit destiné à de plus grandes choses ; aussi les villes sont encombrées, et l'agriculture manque de bras. De là la cherté. Puis on se plaint, puis on accuse les autres.

Notre population a augmenté, il faut que la terre augmente ses produits. Il reste tant à défricher, à améliorer! La France pourrait fournir le double du blé qui lui est nécessaire et cette année il faudra porter plus de 200 millions à l'étranger.

À cette occasion qu'il me soit permis de vous donner les conseils d'un ami, d'un homme qui sait les terribles chances que l'on court en quittant le travail de la campagne pour aller dans les villes. Ah! restez chez vous; la vie des champs est honorable. A la ville les salaires sont peut-être plus considérables; mais les dépenses, mais les chômages, mais les maladies, mais les compagnies, mais les voyages, mais le temps mis à chercher du travail, mais les crises commerciales, mais la privation de la famille; on parle de ceux qui ont réussi, mais on ne dit rien de ceux qui ont tout perdu, jusqu'à l'honneur.

Pères de famille, vous qui avez reçu de la Providence l'obligation de diriger sagement vos enfants, au nom de Dieu, au nom de votre affection, retenez-les auprès de vous, gardez-les sous votre paternelle sollicitude; ne les laissez jamais se porter dans les grandes villes; qu'ils ne viennent à Paris surtout que quand ils seront sûrs d'y trouver une position permanente et présentant toutes les garanties : autrement vous les perdez, vous n'en ferez que de misérables coureurs de pavé, des êtres déclassés et voués au malheur.

Qu'y viendraient-ils faire, du reste? toutes les carrières sont assiégées, on ne trouve plus même un petit coin de place. On se dispute le travail, on s'arrache les places les plus chétives; il y a une foule d'hommes qui aspirent au bonheur de devenir croque-mort; il y a des milliers de surnuméraires pour l'entreprise du balayage...

c'est-à-dire qu'il y a des milliers d'hommes qui cherchent, sans le pouvoir, à être condamnés à se lever à trois heures du matin, à travailler cinq ou six heures dans la boue, sous la pluie pour gagner un franc, à peine de quoi les empêcher de mourir de faim. Paris regorge même de chiffonniers, c'est-à-dire d'hommes qui vont ramasser leur pain dans les ordures. Aussi l'un d'eux disait l'autre jour : *L'état ne vaut plus rien; autrefois quand un homme ne savait plus où donner de la tête, il se faisait marine : aujourd'hui il se tue ou il se fait chiffonnier.* C'est au point, Dieu me pardonne, que l'on trouverait cinq cents concurrents pour la place de bourreau si elle était vacante. Jeter son enfant au hasard et sans garantie sur le pavé de Paris, c'est être aveugle et même cruel, oui cruel, parce que c'est s'exposer à le jeter en pâture au besoin, au vice, à la dégradation, au crime peut-être ! ..

On me dira : Mais mon fils a du talent et de la conduite.

Des hommes qui ont du talent et même de la conduite, Paris en regorge, on ne sait plus qu'en faire. Des gens de talent, j'en connais dans tous les rangs, depuis le bas jusqu'au haut de l'échelle sociale; j'en connais qui meurent de faim. J'en connais qui sont plus capables, qui ont plus de talent, plus d'esprit, que n'en aura votre fils, quand il aura encore travaillé ou étudié dix ans de sa vie, qui ne sortent pas de chez eux faute de chaussure, qui restent couchés pour n'avoir ni trop froid ni trop faim, qui voient sous leurs yeux, entendez-vous, agoniser leur femme et leurs enfants.

Ceux qui vous disent : Paris! Paris! se trompent ou vous abusent... Je voudrais qu'ils pussent voir le spectacle que nous sommes condamnés à voir tous les jours, une misère fabuleuse; je voudrais qu'il leur fût donné d'entendre les cris, les plaintes, les malédictions et les blasphèmes que frappent nos oreilles. C'est lamentable, c'est navrant, c'est déchirant; c'est au point qu'il nous serait parfois presque doux de mourir. Dieu vous garde, Dieu garde nos enfants de jamais passer par ces épreuves!

Sans doute que la charité est grande dans cette ville de Paris; la charité y est admirable, mais est-ce qu'elle peut tout? Est-ce qu'elle sait toutes les misères? On ne se connaît pas au milieu de cette foule, et votre enfant peut agoniser, dans une mansarde, seul, loin de sa mère qui le croit heureux, sans que ceux qui habitent sur le même palier en sachent rien. En province, au contraire, on est connu, soulagé, protégé.

CHAPITRE VIII.

UNE AUTRE PLAIE DE LA FRANCE.

J'ai dit que la principale cause de notre mal, c'étaient la peur, la crédulité, et un peu nous-mêmes. J'ai dit aussi que le peuple français, livré à ses propres instincts, était rempli de bonne volonté et qu'il ne demandait pas mieux que de travailler et de se résigner. — Mais ce qui l'égare et le trompe, c'est une certaine engeance d'hommes qui se trouvent partout dans les grandes villes, les petites villes et même les villages. Je ne veux attirer de mépris sur personne; au contraire, je veux bien dire que ces hommes sont de bons enfants ou appelés à le devenir, mais en attendant, ils font bien du mal à notre bien-aimée patrie...

Cette classe est composée de plusieurs éléments.

Il y a des ouvriers qui cherchent toujours du travail et seraient assez fâchés d'en trouver.

Des commerçants ruinés, des avocats en disponibilité, des huissiers sans procès, des médecins sans malades, des demi-savants en grand nombre ; on y compte même des savants et des écrivains aussi : tout cela est de la même famille.

D'abord ces gens-là ne trouvent rien de bien fait sur la terre; ils sont mécontents de tout le monde, parce qu'ils sont mécontents d'eux-mêmes; ils traitent leur prochain comme eux-mêmes, c'est-à-dire fort mal; ils ont élu leur domicile principal au café ou au cabaret; ils aiment à mener joyeuse vie : quant à la gagner, c'est autre chose. La bouteille et eux, ça se connaît, et ça s'aime; mais le travail et eux, ça ne se connaît guère, et ça s'aime encore moins. Aussi, souvent ils sont brouillés avec la pièce de cinq francs pour cause de paresse et d'autre chose encore. Suivant l'expression d'un gamin de Paris, ils pourraient souvent, leurs dettes payées, *mettre tout leur trousseau dans un chausson*. Malgré tout cela, ils ne doutent de rien à les entendre; si la France voulait tant seulement les consulter...

Et ce qu'il y a de plus étonnant, c'est qu'on dit que vous les écoutez quelquefois; que vous, honnêtes travailleurs, vous subissez leur influence. Ah! vraiment ça ne peut-être que les méchants qui disent cela; et si vous l'avez fait, vous ne le ferez plus, car il faut toujours donner tort aux méchants... Eux savoir diriger les affaires de la France! mais ils n'ont pas su diriger leurs propres affaires! Quoi, dans cette France où fourmillent les hommes de probité, d'intelligence et de cœur, voilà ceux auxquels vous donneriez votre confiance... Ils ont certainement des talents : boire largement, culotter une pipe, faire des embarras, à l'occasion faire le coup de poing, trouver le secret de ne pas payer leurs dettes; voilà des talents que je ne leur conteste pas, et pour lesquels ils méritent un prix que je leur donne volontiers; mais être les conseillers et les guides d'un grand peuple, je ne le veux pas... Si, comme ils en ont la prétention, la France était obligée d'aller prendre leurs conseils, mon Dieu! où les trouverait-elle? le plus souvent au cabaret, entre une bouteille et un verre, devant une table, si ce n'est peut-être dessous... Dérision et sottise... De bonne foi, c'est trop fort... Ici il n'y aurait plus ni dignité, ni bon sens, ni intelligence, ni cœur, ni rien. Envoyez-moi donc, une bonne fois, tous ces gens-là dire bonsoir à leurs poules.

Pour ce monde-là, la cherté est une véritable aubaine... ils ne manqueront pas d'en profiter. Ils s'en serviront pour diviser les classes de la société, pour faire haïr, pour exploiter la crédulité. Ce n'est pas qu'ils se préoccupent beaucoup au fond de la souffrance du peuple : ils n'en feront pas moins de dépenses... et ils ne se priveront pas même d'un petit verre pour en faire la charité à ceux qui n'ont pas de pain. Mais c'est une occasion d'accuser.

Il est temps, mes amis, de s'affranchir de ce joug, de ce despotisme... et, il ne faut pas se le dissimuler, ils ont une certaine facilité de parole, un certain *bagou* qui peut tromper les gens simples comme vous et moi. Ils ont certains grands mots qu'ils ne font pas trop mal manœuvrer au profit de leurs intérêts et de leurs passions. Mais tout cela n'est que pour la montre ; au fond ils s'en moquent bien.

Ils invoquent la justice, ils font sonner à

pleine bouche ces beaux mots : *Fraternité, Liberté, Patrie*... C'est très-bien ; je les aime, je les chéris ces nobles choses, et j'en parle aussi volontiers qu'un autre ; mais il faut qu'elles soient sincères, et suivies de l'action. Pour eux, ils parlent. Quant aux actes, ils laissent cela à d'autres ; c'est plus commode et moins dispendieux.

Ils parlent de justice... mais en quoi consiste la justice? A respecter les droits de tous, à rendre à chacun ce qui lui appartient. Or, ils aiment assez à emprunter, mais fort peu à rendre ; leurs créanciers, leurs fournisseurs, leur propriétaire, en voilà encore des gens coupables, gens dignes de la potence, *vraie canaille*. On pourrait leur répondre ce que quelqu'un leur disait en pareille occasion : « Vous appelez les riches canailles! Oh! que vous voudriez bien être des canailles comme cela, vous. »

Ils parlent encore de fraternité. Ils ont toujours beaucoup cultivé la fraternité, en paroles surtout. Ils ont des tendresses de cœur pour le peuple, des explosions d'amour en sa présence ; mais quand il n'y est pas, ils l'insultent.

L'un d'eux disait dernièrement, pardon de vous citer ce ramage à la fois injurieux et comique, que je réprouve de toutes les forces de mon âme : « Le peuple, un tas d'imbéciles auxquels on fait croire et faire tout ce que l'on veut; le peuple, une vraie machine; nous autres, hommes d'idée, nous en sommes la vapeur : nous pousserons la machine sur les bourgeois; alors gare les jambes et les têtes! et peuple et bourgeois, c'est ça qui vous fera une fameuse omelette, et au lard, s'il vous plaît. »

Ils invoquent la fraternité, mais en quoi consiste la fraternité? A traiter son prochain comme ses propres frères, comme les membres de sa famille. Dieu nous garde d'être traités par eux de la même façon! Leur famille, ils la désolent, ils ruinent leur vieux père, ils abreuvent d'amertume leur mère, ils font verser un torrent de larmes à leur malheureuse femme et dévorent le pain de leurs pauvres petits enfants. Pendant qu'is sont à parler de fraternité, leur femme pleure à la maison, entourée de ses enfants qui grelottent et qui lui demandent du pain, et elle n'en a pas à leur donner...

La fraternité! ce n'est pas un mot; tout n'est pas dit quand on a crié : « Vive la fraternité! » Pratiquer la fraternité, c'est prendre de bon cœur une partie de son bien, de son repos, de son bonheur, et donner tout cela à ses frères; autrement on a beau crier : « Vive la fraternité! » la fraternité, ne vit pas.

Ils parlent de liberté, et ils persécutent ceux qui les entourent; ils en font de véritables nègres. Ils sont les tyrans de leurs femmes, de leurs enfants, et même de leurs domestiques, quand ils en ont.

Ils parlent de patrie, et par leurs vices et leurs haines ils déchirent le sein de la France.

Et quand cette patrie souffre, au lieu de la consoler, de faire un appel à la charité, au lieu de dire à tous : Mes amis, l'année est pénible, courage, entr'aidons-nous; ils sèment la discorde et la haine entre les frères, par leurs accusations; ils exploitent la misère et semblent dire : Bon! voilà la France malheureuse, profitons de sa détresse pour diviser; vite qu'on se querelle, qu'on se déchire, excitons les classes les unes contre les autres; il n'est pas bon que la France soit calme et prospère, nous n'aurions plus de prétexte pour accuser. Est-ce là de la bonne fraternité? Fuyez toute parole et tout homme qui vous pousse à la haine et à la violence; arrière, surtout, les fainéants et les parleurs! Arrière les hommes qui n'ont pas su diriger leurs affaires, et qui veulent se mêler des affaires de la France; arrière les hommes capables de tout, comme on l'a si bien dit, et capables de rien. Silence à tous ces hommes, qu'ils aillent d'abord nourrir leur père, leur femme et leurs enfants, et puis, ils auront le droit de parler. Oh non! mes amis, n'écoutez pas ceux qui accusent; plutôt, plaignez-les, ayez pitié d'eux, pitié de leur femme et de leurs enfants; essayez de les rendre à la dignité, au bien, ce sont nos frères: rendez un mari à sa femme, un père à ses enfants, et vous aurez bien mérité de Dieu et de l'humanité.

CHAPITRE IX.

RÉSIGNATION ET CHARITÉ.

Laissons donc, mes bien bons amis, toutes ces peurs et toutes ces accusations; reprenez votre calme, votre bon sens et surtout votre charité.

Pourquoi épouvanter sans raison? pourquoi effrayer, quand même le mal serait aussi grand qu'on veut le faire? Pourquoi s'en aller dire à un homme : « Ecoute, tu as beau faire, toi, ta femme et tes enfants, vous êtes exposés à souffrir de la faim. » — Ces choses-là, alors même qu'elles sont vraies, on ne les dit pas, on les cache; le pauvre homme aura toujours le temps de les apprendre...

Pourquoi rejeter la faute sur autrui, accuser? Cela me fait l'effet d'un homme qui, voyant brûler une maison, reste tranquillement à examiner qui a pu y mettre le feu... Malheureux! courez d'abord l'éteindre et puis vous examinerez cette question-là après. Et puis, est-ce qu'il y a quelqu'un en France qui veuille faire souffrir, affamer personne? Apprenons donc à nous connaître et à nous apprécier les uns et les autres. Nous valons tous mieux que nous ne le pensons.

Le peuple français a ses faiblesses et ses passions sans doute, mais il est une chose qu'on ne peut lui contester: il est bon, compatissant; il est généreux, il a du cœur, c'est sa part de gloire, son génie. On aura beau faire, la France sera toujours la terre de la bienveillance, de la charité et de la pitié. Qu'on ne vienne donc pas nous dire qu'il faut s'armer de défiance... que nous vivons en pays ennemi, que nous sommes en pleine Forêt-Noire ou en pleine forêt de Bondy. A ce compte est-ce que la vie serait tenable?

Pourquoi s'aigrir? que voulez-vous? c'est une mauvaise année à passer, et on ne meurt pas pour une mauvaise année. Il y en a eu de plus pénibles : en 1847, le pain a valu 8 sous la livre; en 1811, 10 sous. « Nous avons reçu les biens de la Providence, recevons aussi la peine. »

Après tout, la France sait souffrir; ce n'est même que dans la souffrance qu'elle se montre bien elle-même, c'est-à-dire grande.

Dans la prospérité elle est faible, toute remplie d'immoralités et de corruption; dans l'adversité elle se replie sur elle-même, trouve dans son cœur une puissance presque surhumaine, et se dresse dans toute sa majesté. Qui sait aussi si cette cherté n'est pas un châtiment infligé à tant d'excès passés...

Donc, riches et pauvres, laissons nos querelles... nous nous sommes bien trop querellés; nous savons, nous autres, ce que c'est qu'une *contestation*. — On dit qu'on demandait à un homme ce que c'était qu'une *contestation*. — « Sans trop savoir ce que c'est, répondit celui-ci, je crois pouvoir vous en donner une idée. Faisons une supposition : Ce bâton, que vous avez entre les mains, je vais dire qu'il est à moi. — Eh bien! dit le premier, s'il est à vous, le voici, prenez-le. — Mais ce n'est pas cela; il faut au contraire refuser de me le donner, et ce sera justement le sujet de la *contestation*. — Et comment pourrais-je refuser de vous le donner, s'il est à vous? — Oui vraiment, reprit encore le dernier; et il ne sut que répliquer. Et ainsi ces deux hommes ne purent arriver à savoir ce que c'était qu'une *contestation*. »

Hélas! nous n'en sommes plus là; mais, enfin, nous pouvons y revenir. Il y a dans le cœur français assez de justice et de générosité...

Serrons-nous donc contre l'ennemi commun épaule contre épaule, cœur contre cœur; que ce soit à qui répandra le plus de charité...

Vous surtout, mes amis, dans les moments de détresse, quand vous le voulez, quand vous écoutez la bonne partie de vous-mêmes, vous êtes admirables; il se fait parmi vous des actes si touchants, comme celui-ci, par exemple :

C'était aussi dans un temps de cherté ; un prêtre fut appelé auprès d'une pauvre femme âgée, et infirme depuis trois ou quatre ans : elle avait été dans l'aisance, mais elle était tombée dans la misère, surtout depuis qu'elle ne pouvait plus travailler. Pendant qu'il causait avec elle, entra un ouvrier ; en voyant le prêtre il rougit, il se troubla, il parut tout déconcerté... il tenait quelque chose caché par-dessous sa blouse de travail. Le prêtre s'en aperçut (nous soupçonnons toujours plus le mal que le bien), et il se dit : Il y a là du mystère, je ne m'en irai pas sans tout savoir ; ce qui se trouve sous sa blouse est rond et ressemble singulièrement à une bouteille. Il continua de causer, n'ayant l'air de songer à rien. Pendant ce temps-là, l'ouvrier s'agitait sur sa chaise ; il aurait bien voulu que le prêtre fût parti, et celui-ci avait la malice de ne pas s'en aller. A la fin ce bon ouvrier se lève, et fait voir cette chose mystérieuse qu'il tenait cachée... C'était un pain de deux livres, qu'il jette sur le lit de la pauvre femme, en disant : Voilà... Et puis il sort brusquement. Le prêtre demande à la malade ce que cela signifie. Ah! ne m'en parlez pas, lui répondit cette pauvre femme en sanglotant, c'est trop de bonté! j'en suis toute confuse: cet homme, c'est un ouvrier, père de quatre enfants, qu'il a déjà bien de la peine à nourrir; mais, quand je suis trop malheureuse, quand j'ai trop faim, je le lui fais savoir, et il vient toujours m'apporter deux livres de bon pain blanc; mais il est si honnête qu'il ne veut pas qu'on le sache.

Voilà ce que vous savez faire, vous autres! voilà votre charité...

Oui, mes amis, donnons-nous tous la main, aimons-nous un peu, ne sommes-nous pas tous enfants de la même famille? Pourquoi s'acharner les uns contre les autres? Il est temps que l'on commence à s'aimer sur cette terre de France... C'est assez de querelles, assez de souffrances, assez de luttes, assez de sang... Déposons toutes nos défiances... et puis riches et peuple, coopérons ensemble par le travail, la charité et la résignation, à soulager nos frères, à rendre la France grande et heureuse.

FIN.

De l'Imprimerie de Beau, à Saint-Germain-en-Laye.

TABLE DES MATIÈRES.

DE L'IMPRIMERIE DE BEAU, A SAINT-GERMAIN-EN-LAYE.

www.ingramcontent.com/pod-product-compliance
Ingram Content Group UK Ltd.
Pitfield, Milton Keynes, MK11 3LW, UK
UKHW031943260826
14628UKWH00004B/1814

9 782011 761255